带领孩子感受传统文化和自然科学之美

【被世界认可的中华民族非物质文化遗产，古老农耕文明的"时间智慧"】

聆听二十四节气

春种细语

蕾玲 / 编著

北方妇女儿童出版社

长春

版权所有　侵权必究

图书在版编目（CIP）数据

聆听二十四节气 / 蕾玲编著 . — 长春 : 北方妇女儿童出版社，2017.1
ISBN 978-7-5585-0814-1

Ⅰ . ①聆… Ⅱ . ①蕾… Ⅲ . ①二十四节气—基本知识 Ⅳ . ① P462

中国版本图书馆 CIP 数据核字 (2016) 第 317253 号

聆听二十四节气·春种细语
LINGTING ERSHISI JIEQI · CHUNZHONG XIYU

出 版 人	刘　刚
策 划 人	师晓晖
责任编辑	张　丹　曲长军
开　　本	889mm×1194mm　1/16
印　　张	9
字　　数	120千字
版　　次	2017年1月第1版
印　　次	2017年1月第1次印刷
印　　刷	武汉金苹果印业有限责任公司
出　　版	北方妇女儿童出版社
发　　行	北方妇女儿童出版社
地　　址	长春市人民大街4646号　　邮编：130021
电　　话	总编办：0431-85644803　　发行科：0431-85640624

定　　价　100.00元（全四册）

春雨惊春清谷天,
夏满芒夏暑相连。
秋处露秋寒霜降,
冬雪雪冬小大寒。

"爸爸,这个是什么?"安安指着相册上的一段文字。

"这个是《二十四节气歌》啊。"

"什么是二十四节气呀?"浩浩问。

"为了更好地掌握季节的变化,指导农事活动,我们的祖先根据太阳的运行位置,将每个季节分成六个节气,又将每个节气细分成了三候,五天为一候,这样便有了'二十四节气'和'七十二候'。"爸爸笑着回答。

这个春节，爸爸带着一家人到农村爷爷家，爸爸说在那里大家可以切身感受到四季的变化，聆听二十四节气这种大自然的语言……

立春

春雪
韩愈

新年都未有芳华，
二月初惊见草芽。
白雪却嫌春色晚，
故穿庭树作飞花。

立春

春种细语

人们常说"一日之计在于晨，一年之计在于春"，立春便是二十四节气中的第一个节气。"立"是开始的意思，"春"即春天，立春代表着春天的开始，时间点在每年公历的2月3日~5日之间，农历的新年常常在立春前后。

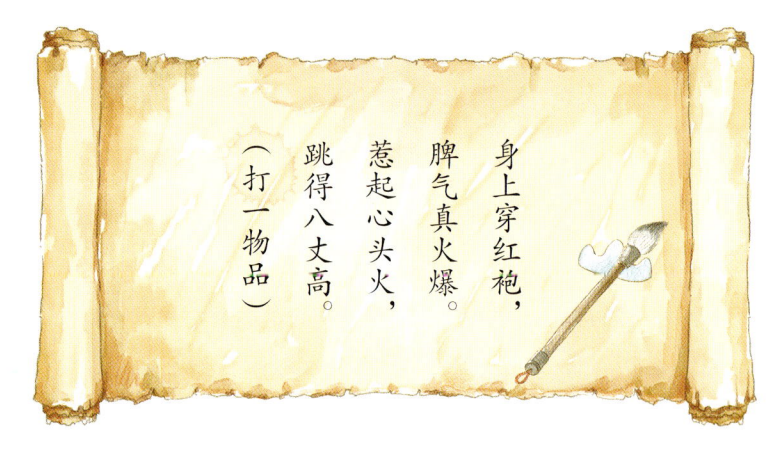

> 身上穿红袍，
> 脾气真火爆。
> 惹起心头火，
> 跳得八丈高。
> （打一物品）

积雪还没有完全融化，小草却迫不及待地探出了头，白雪中间有着星星点点的嫩绿色。几只麻雀找到了一个小水坑，它们在水坑中扑腾着翅膀，一边清洗羽毛，一边嬉戏打闹。一个生机勃勃、鸟语花香的季节就要到来了。

立春三候

一候，东风解冻
二候，蛰虫始振
三候，鱼陟负冰

一候，东风解冻

一阵春风吹来，大地的气温有所回升，河面的冰层开始渐渐融化。

二候，蛰（zhé）虫始振

冬眠的动物感受到了气温的回升，它们时不时地扭动着身体，即将苏醒过来。

三候，鱼陟（zhì）负冰

过不了几天，水里的鱼儿也会感受到春天的气息，它们会欢快地从水底游到水面靠近冰层的地方。

迎春花

春天刚来，一种有着6片花瓣、金黄颜色的花便盛开了。在百花之中它仿佛最迫不及待地迎接春天，最早开花，因而被人们叫作"迎春花"。

咬春

立春有吃萝卜、春饼和春卷的习俗,这种习俗被称为"咬春"。

吃萝卜

吃萝卜的习俗早在明朝就有了。萝卜吃起来脆脆的、甜甜的,据说吃了后就不会再犯春困了。

吃春卷

春卷是用面皮包住肉、豆芽、韭菜等做的馅,卷成长卷再经过油炸而成。

吃春饼

春饼是一种用面粉制成的薄饼。将粉丝、豆芽、鸡蛋、韭菜和肉酱炒熟做成俗称的"和菜",再加上甜面酱和葱丝,卷在春饼里一起吃,非常美味。

"孩子们,一定要从头吃到尾,代表着一年'有头有尾'。"

/ 鞭春牛

鞭春牛是一种古老的迎春仪式。在立春那天，村民会按照长幼顺序，轮流抽打用纸或者泥做成的春牛。当春牛被打碎后，村民会争抢春牛的碎片，将它们丢到自家的田里，用来祈求丰收。鞭打春牛后，新一年的耕种就快开始了。

有些地方还会在春牛肚子里塞上五谷，当春牛被打碎后，村民会将谷物拾起，带回家放进粮仓，祈求粮食大丰收。

"哥哥，分给我一点儿吧。"

春节

中国人过春节已有四千多年的历史。在现代，人们把春节定在每年的农历正月初一。这一天，人们都会尽可能回到家中与亲人团聚，互相表达新年祝福，还会贴春联、贴"福"字和放鞭炮来欢庆春节。

贴春联、贴"福"字

春联又叫"春贴"，常用毛笔将对仗工整、简洁精巧，且字数相等的上、下联文字写在红纸上，有吉祥、避邪的意思。"福"字常被倒着贴，寓意着"福到了"。

放鞭炮

传说很久以前，一种名叫"年"的怪兽常来骚扰百姓，百姓们便想出办法，利用烧竹子时发出的"噼里啪啦"的声响吓跑"年"，后来烧竹子便演变成了过年放鞭炮的习俗。

雨水

聆听二十四节气

初春小雨
韩愈

天街小雨润如酥,
草色遥看近却无。
最是一年春好处,
绝胜烟柳满皇都。

雨水

春种细语

雨水是二十四节气中的第二个节气，时间点在每年公历 2 月 18 日～20 日之间。雨水代表着气温持续升高，达到 0℃以上，降雨增多，冬季干旱少雨的天气已经结束。

> 两个好兄弟，
> 总是不相离。
> 雨天出门去，
> 晴天待家里。
> （打一生活用品）

毛毛细雨悄无声息地飘落着，让草木的新芽显得更加精神了。村民们不但不为这雨天烦恼，反而露出了笑容，加快了耕地的步伐。爷爷仰起头，朗声说道："春雨贵如油啊！"

二候，候雁北

南迁的大雁又飞回到了北方，雁队一会儿排成"人"字形，一会儿排成"一"字形。

雨水三候
一候，獭祭鱼
二候，候雁北
三候，草木萌动

三候，草木萌动

越来越多的小草从湿润的泥土里冒了出来，空气中泥土和青草混合的芳香让人感到神清气爽。

一候，獭(tǎ)祭鱼

随着冰层的融化，鱼儿都游到水面来吐气，爱吃鱼的水獭已经饿了一个冬天，现在终于可以饱餐一顿了。

/ 元宵节

农历的正月十五是一年中第一个月圆之日,这一天被称作"元宵节"。元宵节和雨水节气的时间接近,舞龙舞狮、看灯会、吃元宵是这一天必不可少的活动。

妈妈告诉安安,过了元宵节,才算真正过完了年。

/ 施肥

"立春天渐暖,雨水送肥忙",雨水节气是春耕的最佳时期,人们会抓住这个机会选种、除草,将一车车肥料撒入土里,做好春耕播种的准备。

惊蛰

荆园杂诗

李履庵

小园得雨藓苔滋，
不觉春来物候移。
昨夜新雷又惊蛰，
百虫凄抑助敲诗。

惊蛰

春种细语

惊蛰在每年公历的3月5日~7日。"惊"表示惊醒，"蛰"是藏起来的意思。惊蛰的意思是春雷惊醒了藏起来冬眠的动物。其实，动物从冬眠中苏醒是因为气温回升，和春雷并没有关系。打雷是惊蛰中最有代表性的自然现象。南方大部分地区在惊蛰时可以听到当年的第一声春雷，而华南和西北地区可能要等到清明时节才会听到雷声。

> 身穿黄衣裳，
> 飞入百花丛。
> 嗡嗡采着蜜，
> 勤劳酿蜜忙。
> （打一昆虫）

"轰隆隆！"正在午睡的安安被一阵雷声惊醒，害怕得哭了起来。

"别怕，别怕，'春雷响，万物长'，这是老天爷在叫冬眠的小动物起床呢。"奶奶拍着安安的背说。

惊蛰三候

一候，桃始华
二候，仓庚鸣
三候，鹰化为鸠

/一候，桃始华

"桃花红，杏花白"，气温回暖，村里的桃花都盛开了。桃花会先开花，后长叶，远远望去，一树树桃花就好像一朵朵粉色的云。

/三候，鹰化为鸠（jiū）

"鸠"是指布谷鸟，古时候的人们认为，惊蛰的时候，鹰会变成布谷鸟，这当然不是真的，事实是：这个时候鹰会躲起来繁殖，而布谷鸟则活跃在田间地头，随处可见。

"不要去打扰它们，黄鹂会吃掉许多害虫，有益于农田。"

/二候，仓庚（gēng）鸣

古时候的人们将黄鹂叫作"仓庚"，惊蛰时期，黄鹂感受到春天的气息，发出悦耳的鸣叫声，以此寻找伴侣。

/ 吃梨子

惊蛰时节，天气比较干燥，吃梨可以润肺清热，预防咳嗽。除了梨子，这时也可以多吃大枣、山药等甜食以养脾。

/ 炒虫

惊蛰时节，许多祸害庄稼的虫子从泥土中钻了出来，南方部分地区的人们此时会将黄豆、米谷炒着吃，象征害虫被消灭。这个风俗被称为"炒虫"。

/ 祭白虎

白虎在古代被视为口舌是非之神，传说惊蛰时节，白虎会被雷声惊醒，出来危害人间。所以，此时人们会到庙宇中祭拜白虎雕像，用猪油涂抹它的嘴巴，以减少是非之祸，祈求万事顺利。

春分

二十四节气 聆听

春日
朱熹

胜日寻芳泗水滨,
无边光景一时新。
等闲识得东风面,
万紫千红总是春。

春分

春种细语

春分在每年公历的3月20日~21日,"分"为平分的意思,春分代表着春季已经过去了一半。这一天太阳直射赤道,全球日夜时间相等,同为12个小时。

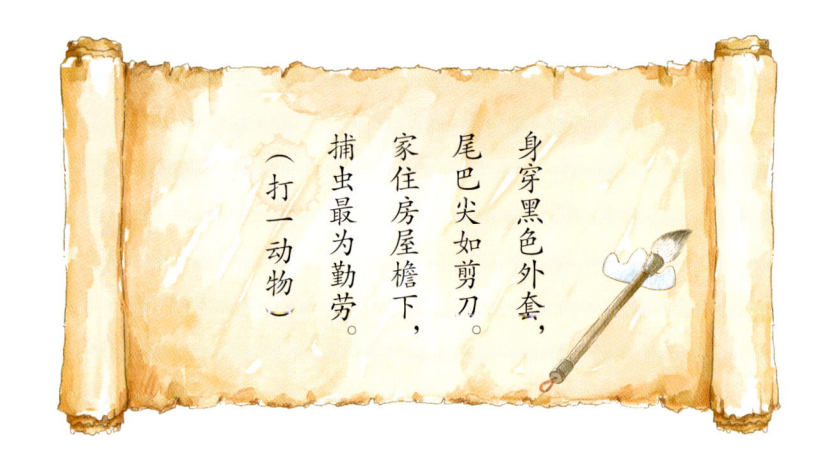

身穿黑色外套,尾巴尖如剪刀。家住房屋檐下,捕虫最为勤劳。（打一动物）

随着春天的到来,整个大地都焕然一新,南方地区的油菜花已陆陆续续盛开了。到了春分时节,油菜花田已是金灿灿的一片,白色的菜粉蝶在花丛中翩翩起舞,采食花蜜。

春分三候

一候，玄鸟至
二候，雷乃发声
三候，始电

/ 一候，玄鸟至

春分前后，到南方过冬的燕子又迁回了北方。屋檐下的燕巢又充满了生机。

/ 二候，雷乃发声
/ 三候，始电

下雨时，雷声大作，并开始伴有闪电。俗话说："三月的天，小孩的脸。"此时的天气总是阴晴不定，说变就变。

/ 木兰

木兰先开花后长叶，花朵比较大，有白色、红色、紫色等。除了木兰花，海棠花和梨花也常在春分时节开放。

北斗七星

古时候的人们会通过观察北斗七星在夜空中的位置来辨别方向，制定季节。春分这一天夜晚10点左右观察星空，我们会发现北斗七星的斗柄指向正东方。

北极星

立蛋

民间认为春分这天，鸡蛋很容易被立起来。所以便有了春分立蛋的游戏和"春分到，蛋儿俏"的俗语。你知道吗？立蛋游戏已经有四千多年的历史了。

其实这个游戏是有诀窍的，选择表面光滑的新鲜鸡蛋，将鸡蛋大头朝下，让蛋黄下沉，重心固定，这样更容易将鸡蛋立起。你也来试试吧。

"妹妹，我赢了。"

/ 粘雀嘴

春分这天，有些地区有吃汤圆的习俗，农民们还会将煮熟的汤圆用竹签串着，放到田间给鸟雀啄食。农民们希望汤圆能粘住鸟雀的嘴，让它们没办法再偷吃庄稼。

/ 送春牛

送春牛是传统的风俗之一，春分这一天，人们挨家挨户赠送印有农夫耕牛图案的《春牛图》，并互相祝愿吉祥丰收，期盼五谷丰登。

春耕

民间有句俗语："春分麦起身，一刻值千金。"在春分时节，华北地区的冬小麦开始返青，进入生长阶段，小麦、水稻等庄稼节节生长，百姓把这叫作"拔节"。此时，大家都抓紧时间精耕细作，灌溉施肥。

吃春菜

春分节气有吃春菜的习俗，不同地区的人们吃的春菜各不相同。有些地区的春菜是一种名叫"马齿苋（xiàn）"的野菜。还有的地区吃的春菜为荠（jì）菜，荠菜也是一种野菜，气味特别，且含有丰富的钙，鲜嫩的荠菜非常适合包饺子。

清明

苏堤清明即事

吴惟信

梨花风起正清明,
游子寻春半出城。
日暮笙歌收拾去,
万株杨柳属流莺。

清明

春种细语

清明的时间点在每年公历的4月4日~6日。清明不仅是二十四节气之一，也是一个传统的节日。清明的意思是天清地明，阳光明媚，天空清澈。

> 身体轻轻一只鸟，
> 不怕大风怕雨飘。
> 小手牵着线儿跑，
> 飞到半空飘啊飘。
> （打一物品）

"绿柳条，随风摇，春风吹来飘呀飘。"

柳枝抽出嫩芽，随风舞动。浩浩将柳枝编了一个圆环，又插上几朵小花，做成了一个漂亮的花环送给安安。浩浩听爸爸说过，柳枝生命力顽强，插到哪里都可以存活。他带回一些柳枝插到爷爷家的院子里，期盼着家门口快快长出一排柳树。

清明三候

一候，桐始华
二候，田鼠化为䴟
三候，虹始见

/ 一候，桐始华

"桐花开，清明到"，清明时节，油桐开花的时候到了。油桐花朵为白色，花瓣上有淡红色脉纹，非常漂亮。

/ 二候，田鼠化为䴟（rú）

天气变暖，喜好阴凉的田鼠躲在洞里不肯出来，喜好阳光的小鸟却叽叽喳喳地在树枝上跳来跳去，随处可见，难怪古时候的人会误以为清明时节的田鼠全都变成了小鸟呢。

/ 三候，虹始见

阳光明媚，空气含水量增大，雨后的天空中可以看见彩虹了。

/ 清明断雪

俗语"清明断雪，谷雨断霜"，寓意着天气渐渐暖和，到了清明，便不再降雪；过了谷雨，大地也不会结霜。而现实生活中，因为我国幅员辽阔，南北方断雪断霜的时间会相隔一个月之久。

/ 郊游踏青

清明时期，桃红柳绿，草长莺飞，非常适合郊游踏青。快和亲朋好友结伴而行，投入大自然的怀抱，尽情欣赏生机勃勃的春日美景吧！

"爸爸，快看，我的风筝飞起来了！"

/ 放风筝

放风筝在我国有着很久远的历史，古时候的人们将风筝称为纸鸢（yuān）。在当时，放风筝不仅是一种娱乐，也被看作是一种消灾解难的方法，等风筝飞到空中，人们会剪断风筝线，寓意着让风筝带走晦（huì）气和厄（è）运。

/ 青团

南方有清明节吃青团的习俗,青团又叫清明果,是用蔬菜汁和糯米做成的。

/ 荡秋千

秋千原名为千秋,在我国具有很久远的历史。汉代以后,荡秋千逐渐成为清明节、端午节的传统习俗之一。

/ 扫墓

清明原本只是一个节气,因为与寒食节的时间很接近,人们于是将寒食节吃冷食、祭扫坟墓等习俗延至清明,清明也因此逐渐演变成节日,并取代了寒食节的地位。每到清明节,人们会带着纸钱、香烛和祭品前去扫墓,表达自己对逝者的怀念之情。

播种

清明前后,大地回春,细雨飞洒,非常适合播种。

种瓜点豆

"清明前后,种瓜点豆。"清明时节到处都可以看到农民忙着播种瓜类和豆类的景象。

种树

"植树造林,莫过清明。"中国自古以来就有清明节植树的习俗,这与此时节气候温湿,树苗的存活率高有很大关系。

种棉花

农民为刚播下的棉花种子铺上塑料膜,以提高土壤的温度,促进种子发芽。

谷雨

村晚
雷震

草满池塘水满陂,
山衔落日浸寒漪。
牧童归去横牛背,
短笛无腔信口吹。

谷雨

春种细语

谷雨是春季的最后一个节气,时间在每年公历的 4 月 19 日~21 日。谷雨的意思为雨水增多,利于谷物生长。所以民间有用谚语"雨生百谷"来表示谷雨时节的降雨对农耕的重要性。

长长枝条开黄花,
花儿好像小喇叭。
小小喇叭嘀嘀嗒,
欢快唱着春来了。
(打一植物)

谷雨时节,雨水增多,村头枇杷树上的枇杷不知不觉已经成熟了。一颗颗黄色的枇杷挂满了树枝,虽然此时枇杷的味道还有点酸,但安安和浩浩还是吃得津津有味。

谷雨三候

一候，萍始生
二候，鸣鸠拂其羽
三候，戴胜降于桑

/ 一候，萍始生

谷雨时节，气温回暖，喜欢温暖潮湿气候的浮萍迎来了生长期。池塘里的浮萍快速地生长着。

/ 二候，鸣鸠拂其羽

布谷鸟在树上一边梳理着羽毛，一边"布谷，布谷"地鸣叫着，仿佛在提醒人们开始播种。

/ 三候，戴胜降于桑

在桑树上可以看见戴胜鸟了，人们猜测或许它是在寻找刚出生的蚕。

/ 赏牡丹

谷雨时节，牡丹花开，所以牡丹花又被称为"谷雨花"，民间也有谷雨赏牡丹的习俗。

/ 吃香椿（chūn）

北方的人们会在这个时候摘下香椿树的嫩芽，用来包饺子或炒鸡蛋。香椿有健胃理气，提高人体免疫力的作用。

"妹妹，多吃点儿。"

/ 谷雨茶

谷雨时节，降雨量增多，茶树生长旺盛。此时的茶叶不仅饱满醇（chún）香，而且富含多种维生素和氨基酸，南方人会在此时节采茶制成"谷雨茶"。

/ 谷雨贴

因为此时气候潮湿，易发生虫害，有些地区的人们会将五毒的图案绣在衣服上，或画在纸上做成"谷雨贴"，祝愿消除虫害，平安丰收。"五毒"即蝎子、蜈蚣、壁虎、蟾（chán）蜍（chú）和蛇五种动物。

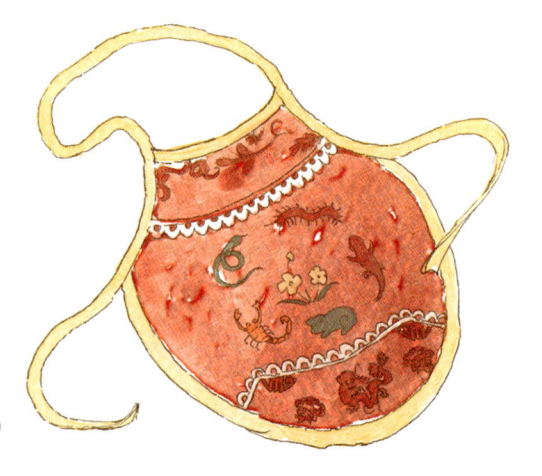

节气全知道

小寒
一候梅花
二候山茶
三候水仙

大寒
一候瑞香
二候兰花
三候山矾（fán）

立春
一候迎春
二候樱桃
三候望春

雨水
一候菜花
二候杏花
三候李花

惊蛰
一候桃花
二候棣（dì）棠
三候蔷薇

春分
一候海棠
二候梨花
三候木兰

清明
一候桐花
二候麦花
三候柳花

谷雨
一候牡丹
二候荼蘼（tú mí）
三候楝（liàn）花

二十四番花信风

二十四番花信风又称二十四风，"花信风"的意思是应花期而来的风，从小寒到谷雨共有8个节气，24候。人们便挑选了24种花期较准的植物作为每一候的代表。

节气游乐园

从"浮萍"开始，玩语音接龙游戏吧。每个词的第一个字要和前一个词的最后一个字同音，试试看，你能到达终点吗？

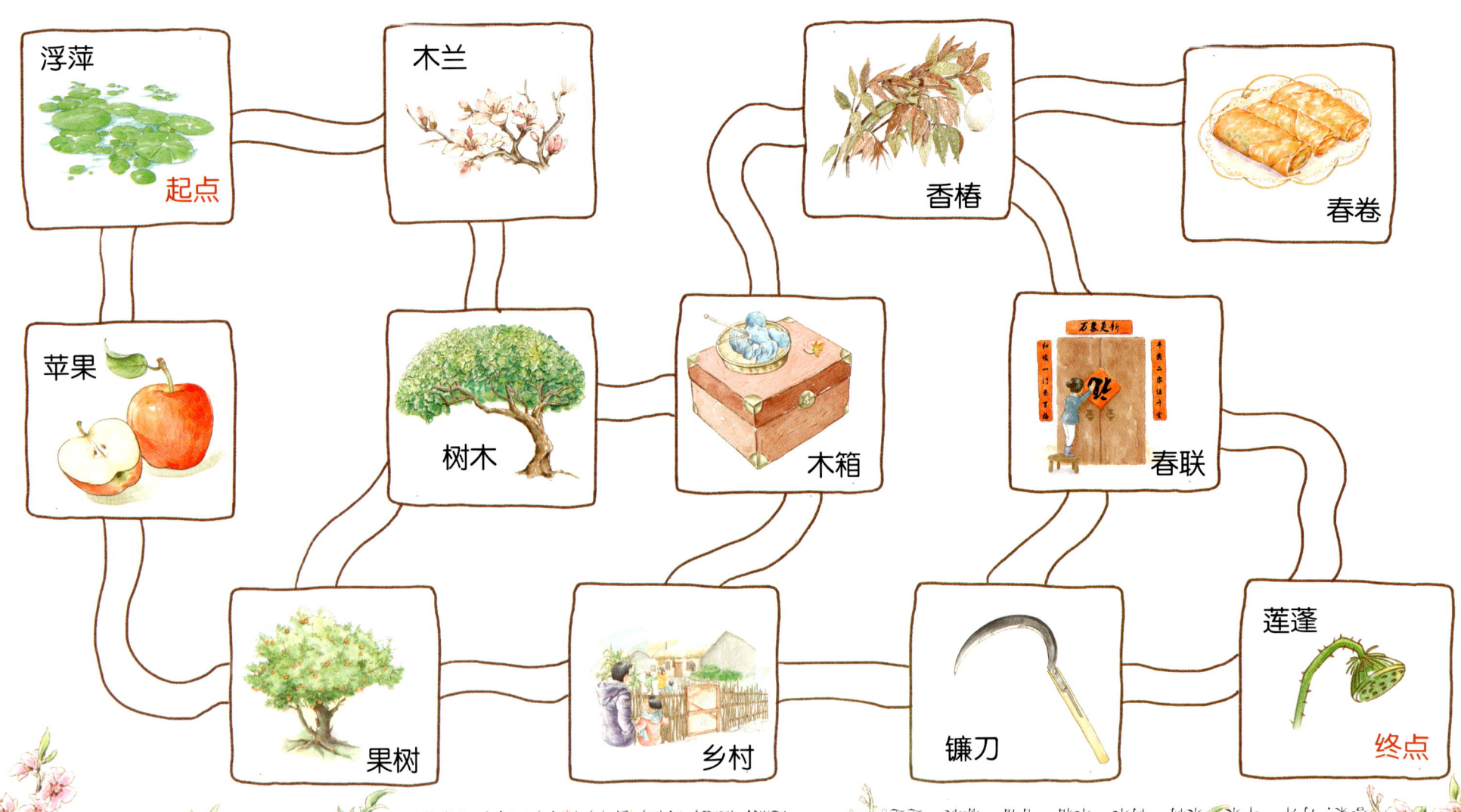

浮萍 起点

木兰

香椿

春卷

苹果

树木

木箱

春联

果树

乡村

镰刀

莲蓬 终点

答案：浮萍—苹果—果树—树木—木兰—香椿—春卷—卷心菜……镰刀—刀把；木箱—乡村—春联—莲蓬。